Galette va aux olympiades!

Lina Rousseau • Marie-Claude Favreau

Dominique et Compagnie

… 48, 49, 50.

Ouf !

Galette est à bout de souffle !

Il fait de l'aérobique
pour être en grande forme physique.

Galette rêve des Jeux olympiques.
C'est **fantastique**!

Il s'imagine qu'il est le plus fort,
peu importe le sport.

Attention! Galette nage
et gagne le championnat de natation.

Quel bond ! Galette saute et réalise un magnifique plongeon.

Sans s'arrêter, Galette court
et franchit le premier le fil d'arrivée.

Champion! Galette pédale
et prend la tête du peloton.

Sans s'énerver, Galette se précipite
et botte le ballon d'un bon coup de pied.

Médaillé d'or! Galette pagaie
et fracasse tous les records.

Avec facilité, Galette dribble
et s'élance vers le panier.

Tout un défi! Galette se courbe
et réussit un coup de circuit.

Victoire assurée! Galette tourne
puis retombe sur ses pieds.

Vainqueur! Galette accélère
et accomplit un saut en hauteur.

Avec brio, Galette s'avance
et exécute sa prise de judo.

Très populaire, Galette glisse
et s'envole haut dans les airs.

En zigzaguant, Galette patine
et marque le but gagnant!

Une prouesse ! Galette se concentre
et file à toute vitesse.

Sur son tapis, Galette termine
enfin ses redressements assis.

Il a fait tous les exercices
conseillés par madame Julie!

Demain, c'est la journée
des olympiades avec tous les amis.

«1 kilomètre à pied, c'est bon, c'est bon,
1 kilomètre à pied, c'est bon pour la santé!»

À ton tour, maintenant !
Peux-tu nommer quelques-uns des sports
pratiqués par Galette ?
Et toi ? Quels sont tes sports préférés ?